MIX
Papier aus verantwortungsvollen Quellen
FSC® C013123

5 4 3 2 1 20 19 18 17 16
978-3-88117-118-2

Cover und Layout: Nieschlag + Wentrup, Münster
Text und Rezepte: Agnes Prus
Illustrationen: Kristina Ballerstaedt, Nieschlag + Wentrup
Redaktion: Kathrin Nick
Satz: Tina Agard Grafik & Buchdesign, Stuttgart

www.hoelker-verlag.de

Inhalt

Ein Herz für Steaks

Rindfleisch eignet sich zum Grillen, Braten und Kochen, begeistert als Steak oder Braten, verleiht deftigen Eintöpfen ein kräftiges Aroma, zergeht auf der Zunge, wenn es lange schmort, und ist sogar roh eine Köstlichkeit.

Vom Mammut zum Bio-Rindfleisch

Der Platz, den Fleisch heute noch in unserer Kultur einnimmt, ist in der Evolution begründet. Unsere steinzeitlichen Vorfahren pushten durch Fleischkonsum das Gehirnwachstum und ermöglichten dadurch die Weiterentwicklung des Menschen. Überdies sicherten sie durch Fleischverzehr ihr Überleben in Regionen, in denen durch kühleres Klima weniger pflanzliche Lebensmittel zur Verfügung standen. Die Freude am fleischlichen Genuss liegt also in unseren Genen.

Rindfleisch im Speziellen begeistert nicht nur durch sein kräftiges Aroma, sondern bietet zudem eine ordentliche Menge Nährstoffe. Es enthält die Vitamine B1, B2 und B12, und wir können den wichtigen Mineralstoff Eisen aus Rindfleisch besonders gut aufnehmen (insbesondere, wenn wir gleichzeitig Vitamin-C-haltige Nahrungsmittel zu uns nehmen). Vor allem aber ist Rindfleisch ein wichtiger Eiweißlieferant.

Trotz der positiven Aspekte wird empfohlen, Rindfleisch nicht täglich, sondern im Wechsel mit Fisch und vegetarischen Mahlzeiten zu verzehren, denn übermäßiger Fleischkonsum kann das Risiko von Krebs- und Herz-Kreislauf-Erkrankungen erhöhen.

Qualität zahlt sich aus

Bei Fleisch ist es wichtig, auf die Herkunft zu achten und sich für regionale Produkte aus artgerechter Aufzucht zu entscheiden. Tiere aus Massentierhaltung werden in zu kurzer Zeit auf zu kleinem Raum großgezogen. Um die Verbreitung von Krankheiten zu vermeiden, werden ihnen Antibiotika und andere Medikamente verabreicht, die zum Schluss auf unserem Teller landen. Auch der Stress, dem die Tiere bei langen Transporten oder der Schlachtung ausgesetzt sind, ist ein entscheidender Faktor, denn die dadurch ausgelöste Milchsäureproduktion lässt das Muskelfleisch hart werden – also auch unser Rumpsteak! Qualitativ und geschmacklich liegen Welten zwischen abgepacktem Discounter-Fleisch und dem Fleisch vom Metzger oder Hofladen unseres Vertrauens.

Neben der Herkunft sollte man beim Fleischkauf auch auf das Aussehen achten. Das Fleisch sollte ansprechend wirken und keinen Saft verlieren. Die Oberfläche von gutem Rindfleisch ist matt und trocken, dunkelrot und hat cremeweißes Fett. Die Farbe des Fleisches hängt zum einen von der Fleischsorte ab, zum anderen aber auch davon, wie lange das Fleisch abgehangen ist. Abhängen bedeutet, dass das schlachtfrische, ausgeblutete Fleisch bei 1 – 3 °C mehrere Wochen aufgehängt wird, damit es mürbe und zart wird. Dafür gibt es zwei Methoden: das traditionelle Reifen an der Luft (Dry-Aging) oder das heutzutage übliche Reifen im Vakuum (Wet-Aging). Dieser Prozess ist nach 28 Tagen abgeschlossen; Fleisch, das kürzer abgehangen ist, erlangt nicht seine volle Zartheit. Bei der Reifung an der Luft ist es möglich, Fleisch länger abzuhängen. Im Hinblick auf die Zartheit bringt dies jedoch keine Vorteile. Es wird immer trockener, und sein Geschmack intensiviert sich – Effekte, die wir von luftgetrocknetem Schinken kennen.

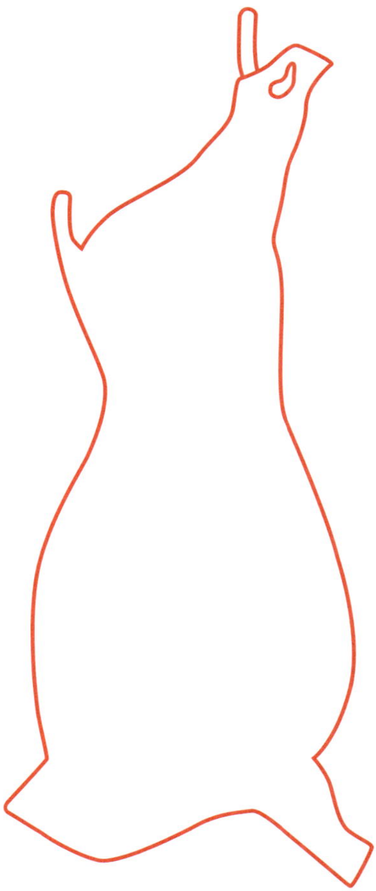

Für ein saftiges Ergebnis wählt man schön marmoriertes, also von feinen Fettäderchen durchzogenes Fleisch. Generell gilt bei Rindfleisch: keine Angst vor Fett! Während des Garens schmilzt es, hält das Fleisch saftig und ist außerdem ein wichtiger Geschmacksträger. Nach dem Zubereiten kann man überschüssiges Fett immer noch entfernen.

Am richtigen Platz

Wichtiges zur Haltbarkeit und Lagerung: Rohes Rindfleisch sollte gleich nach dem Einkauf aus der Verpackung genommen und mit Küchenpapier trocken getupft werden. In einem verschließbaren Behälter oder auf einem sauberen Teller mit Frischhaltefolie abgedeckt, hält es sich im kältesten Fach des Kühlschranks max. 4 Tage. Es sollte streng getrennt von anderen Lebensmitteln gelagert werden, so werden Verschmutzungen und Keimbildungen, etwa durch herabtropfenden Fleischsaft, vermieden. Rindfleisch am Stück kann problemlos eingefroren werden. Wichtig ist das langsame Auftauen, das am besten über Nacht im Kühlschrank geschieht.

Hackfleisch sollte am Tag des Kaufs zubereitet und immer gut durchgegart werden. Einfrieren kann man nur das fertige Hackfleischgericht und nicht das rohe Fleisch.

Das Who's Who der Rinder

Jungtiere bis zum Alter von 8 Monaten bezeichnet man als **Kalb.** Das Fleisch ist sehr mild und hat eine zarte Konsistenz. Dann gibt es noch das Fleisch von **Jungbullen,** das von männlichen, geschlechtsreifen Rindern stammt. Das Rind ist mit 12 Monaten ausgewachsen, und bis zu diesem Zeitpunkt wird alle Energie in das Wachstum gesteckt, demzufolge ist das Fleisch recht mager. Erst danach beginnt der Körper mit dem Aufbau von Fettreserven. Der **Ochse** ist ein männliches kastriertes Rind, durch das höhere Alter des Tieres gewinnt dieses Fleisch an Geschmack. Es ist schön marmoriert, der Fettanteil ist recht hoch und macht es zart und saftig. Weibliche Rinder, die noch kein Kalb geboren haben, werden als **Färse** bezeichnet. Ihr Fleisch ist fettreich und daher von guter Qualität. Die **Kuh** ist das weibliche Rind, das schon gekalbt hat. Ihr Fleisch findet beispielsweise bei der Wurstherstellung Verwendung.

Alles vom Rind

Für die Beschaffenheit der unterschiedlichen Fleischteile gilt grundsätzlich: Je weniger die jeweilige Muskelpartie beansprucht wurde, desto zarter ist das Fleisch. Daher stammen die zartesten Stücke aus Bereichen wie dem Rücken (z. B. Roastbeef und Filet). Sie benötigen eine kurze Garzeit und können sogar roh verzehrt werden (Carpaccio). Umgekehrt bedeutet das, dass stark bean-

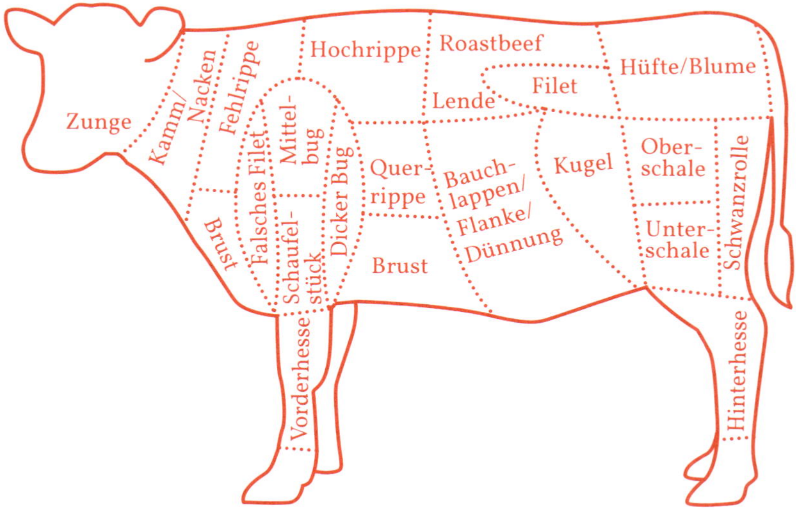

spruchte Teile wie Vorder- und Hinterhesse zäheres Fleisch aufweisen. Durch entsprechende Zubereitung und lange Garzeiten können aber auch diese Partien butterweich und köstlich werden.

Einige Teilstücke wie die Rinderbrust sind „wie gewachsen" erhältlich, das bedeutet, das Brustbein ist noch vorhanden. „Ausgelöst" heißt, dass die Knochen entfernt wurden.

Kamm/Nacken: Gehört zu den fleischreichsten und fettärmsten Teilstücken. Er benötigt lange Garzeiten und eignet sich für Gulasch, Eintöpfe, als Braten oder für Schmorgerichte.

Fehlrippe: Ein saftiges Stück, das zwischen Nacken und Hochrippe liegt. Es ist ideal für Sauerbraten und, wenn es lange genug abgehangen ist, auch für Fondue.

Zungenstück: Muskel, der aus Kamm und Fehlrippe herausgeschnitten wird. Gutes Fleisch zum Braten und für Gulasch.

Hochrippe: Eines der besten Teilstücke, aus dem z. B. Rib-Eye-Steaks geschnitten werden. Das Fleisch ist von feinen Fettäderchen durchzogen, daher wird es, ob gegrillt oder mit dem Knochen gebraten, besonders saftig. Im Ganzen gegart ein herrlicher Sonntagsbraten.

Lende/Roastbeef: Ein besonders saftiges Teilstück, das grundsätzlich rosa gebraten wird und warm und kalt eine Köstlichkeit ist. Aus Roastbeef schneidet man die klassischen Steaks, z. B. Entrecôte und T-Bone-Steak (vorderer Teil), Rumpsteak (mittlerer Teil) und Porterhouse Steak (hinterer Teil).

Filet: Das heiß begehrte, zarte Fleisch ist ein kleiner, länglicher Muskel im Rücken des Rinds. Es wird für Beefsteak und Chateaubriand (breiteres hinteres Stück), Tournedo und Medaillon (mittleres Stück) und Filet mignon (aus der Spitze) verwendet.

Keule: Sehr hochwertiges und beliebtes Fleisch, das aufgeteilt wird in **Nuss** (zart, mager; eignet sich für Gulasch, Steaks oder zum Braten), **Oberschale** (zart; toller Braten, gutes Fleisch für Rouladen oder Rollbraten), **Unterschale** (grobfaserig; perfekt zum Pökeln, Schmoren oder Kochen), **Blume/Hüfte** (zum Braten und Schmoren, für Rouladen und Hüft- oder Kluftsteaks) und **Tafelspitz** (feiner Braten, zartes Kochfleisch).

Vorder- und Hinterhesse: Der zäheste Teil des Rinds. Das sehnen- und bindegewebsreiche Fleisch wird erst durch langes Garen weich und köstlich. Das Beinfleisch eignet sich für kräftige Brühe, das Wadenstück für Gulasch und andere Schmorgerichte.

Bauchlappen/Flanke/Dünnung: Ein dünnes, sehnenfreies Stück, das für die Zubereitung von Rinderbrühe und -fond und bei der Wurstherstellung verwendet und als preiswerte Alternative zu den klassischen Steaksorten geschätzt wird (Flank Steak).

Brust: Sehr festes Fleisch, ausgezeichnet für deftige Eintöpfe, Schmorgerichte und zum Garen bei Niedrigtemperaturen.

Bug/Schulter: Wird aufgeteilt in **Schaufelstück, dickes Bugstück** und **Falsches Filet.** Gutes Schmorfleisch; wird häufig zu Hackfleisch verarbeitet.

Was wie garen?

Zum **Grillen, Woken und Kurzbraten** eignen sich kleine Fleischstücke, die nur eine kurze Garzeit benötigen. Dazu zählen z. B. gut marmoriertes Filet, Oberschale, Nuss und Scheiben von Roastbeef.

Zum **Ofenbraten** verwendet man große Fleischstücke, die von Fett durchzogen sein sollten, z. B. Roastbeef, Filet, Keule, Nacken oder Bug.

Zum **Kochen und sanften Garziehen,** also für Suppen und Siedfleischgerichte, verwendet man Fleischstücke mit festem Bindegewebe und ausreichend Fettäderchen, z. B. Brust, Nacken, Bug, Hochrippe, Bauchlappen und Beinscheibe.

Zum **Schmoren** sollte man durchwachsene Fleischstücke mit festem Bindegewebe wählen, z. B. Keule oder Bug.

Vom **Garen bei Niedrigtemperaturen** (80 – 100 °C) profitieren zartes Fleisch, aber auch große Fleischstücke, denn sie bleiben schön saftig und werden besonders zart, z. B. Filet oder Roastbeef.

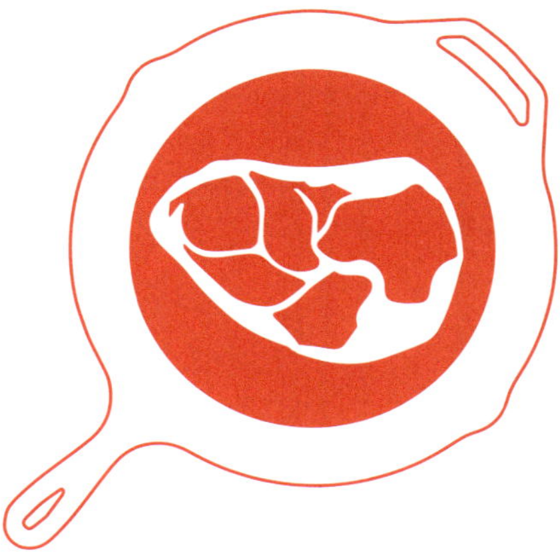

Das perfekte Steak

Ein Rind lässt sich zwar nicht zu Steak allein verarbeiten, aber für viele Fleischliebhaber bleibt es einfach der Favorit. Hier ein paar Anhaltspunkte für das Garen des guten Stücks:

- Für ein gelungenes Steak sollte das Fleisch nicht dünner als 2 Zentimeter sein, so bleibt es innen schön saftig, während auf der Oberfläche eine köstliche Kruste entsteht.
- Das Fleisch 30 bis 60 Min. vor der Zubereitung aus dem Kühlschrank nehmen und Zimmertemperatur annehmen lassen. So kann es kürzer und schonender gegart werden.
- Vor dem Anbraten nur leicht salzen, andere Gewürze verbrennen schnell bei zu hoher Temperatur. Ordentlich gepfeffert wird erst hinterher.
- In schweren und richtig heißen Pfannen brät sich das Steak am besten. Gebraten wird in hitzebeständigem Öl (z. B. Rapsöl).
- Das Fleisch wird einmal gewendet, wenn es sich leicht vom Pfannenboden lösen lässt. Am besten eignen sich dafür eine Zange oder ein Pfannenwender. Vorsicht mit Messer und Gabel, der kostbare Fleischsaft sollte auf keinen Fall austreten.
- Erfahrene Köche erkennen die richtige Temperatur per Fingerdruck, für alle anderen empfiehlt sich ein digitales Küchenthermometer. Hier ein Überblick: blutig/rare (Kerntemperatur ca. 52 °C), rosa/medium (Kerntemperatur 55 – 60 °C) oder durch/well done (Kerntemperatur ca. 80 °C).
- Wichtig ist die Ruhephase am Schluss, so kann sich der wertvolle Fleischsaft wieder gleichmäßig verteilen.

Rezepte

Rinderbrühe

FÜR CA. 2,5 L

- 2 kg Rindermarkknochen
- 1 kg Suppenfleisch (Bauch oder Wade)
- 1 große Zwiebel
- 2 Lorbeerblätter
- 3 Gewürznelken
- 14 weiße Pfefferkörner, zerstoßen
- 1 Sternanis
- 2 EL Meersalz
- 3 Stängel Liebstöckel
- 3 Stängel glatte Petersilie
- 2 große Möhren, gewürfelt
- 2 Petersilienwurzeln, gewürfelt
- 1 Stange Lauch, in feinen Ringen
- ¼ Sellerieknolle, gewürfelt
- Salz

Rindermark aus den Knochen drücken, dafür sollten die Knochen nicht zu kalt sein und etwas Zimmertemperatur angenommen haben. (Das erledigt auch gerne Ihr Metzger für Sie.) Knochen und Suppenfleisch ca. 1 Min. in reichlich kochendem Wasser blanchieren. Abgießen und unter kaltem Wasser abspülen. Blanchierte Knochen und Suppenfleisch zurück in den sauberen Topf geben und mit ca. 4 l kaltem Wasser auffüllen.

Zwiebel samt Schale halbieren und mit der Schnittfläche in einer Pfanne ohne Fett dunkel anrösten. Geröstete Zwiebelhälften mit Gewürzen und Kräutern zu den Knochen und dem Fleisch in den Topf geben und alles zum Kochen bringen. Den sich bildenden Schaum gelegentlich mit einer Kelle abschöpfen. Brühe 1,5 Std. leise köcheln lassen. Gemüse zugeben und alles erneut 1,5 Std. köcheln lassen.

Rinderbrühe durch ein sauberes Tuch in einem Sieb in einen anderen Topf passieren. Brühe erneut aufkochen und mit Salz abschmecken. Kühl aufbewahren oder einfrieren.

TIPP

Das Rindermark kann für selbst gemachte Markklößchen verwendet werden. Das Suppenfleisch eignet sich als Suppeneinlage oder für einen Fleischsalat.

Muttis Rindsrouladen

FÜR 4 PORTIONEN

4 dünne Scheiben Rindfleisch à ca. 120 g
4 TL scharfer Senf
8 Scheiben Frühstücksspeck
2 Zwiebeln, in dünnen Streifen
4 Gewürzgurken, in dünnen Stiften
2 EL Butterschmalz
Salz
Pfeffer
1 Stange Lauch, in Ringen
2 Möhren, in 2 cm großen Stücken
¼ Sellerieknolle, in 2 cm großen Stücken
1 EL Tomatenmark
500 ml Rotwein
500 ml Rinderbrühe (s. linke Seite)
2 Lorbeerblätter
2 Stängel Thymian
3 Pimentkörner, zerdrückt
1 EL schwarze Pfefferkörner, zerstoßen
1 EL Speisestärke, mit etwas kaltem Wasser angerührt

Rindfleischscheiben zart flach klopfen und dünn mit Senf bestreichen, je 2 Speckscheiben darauflegen und die Hälfte der Zwiebeln und alle Gurken darauf verteilen. Längsseiten einklappen, die Rouladen straff aufrollen und mit Küchengarn zubinden. Butterschmalz in einem Bräter erhitzen, Rouladen darin rundherum scharf anbraten, salzen und pfeffern, herausnehmen und beiseitestellen.

Gemüse und restliche Zwiebeln in den Bräter geben und ca. 7 Min. anrösten. Tomatenmark zufügen und unter Rühren 1 Min. mitrösten. Mit der Hälfte des Rotweins ablöschen, diesen einkochen lassen, danach den restlichen Rotwein und die Rinderbrühe angießen. Rouladen, Kräuter und Gewürze in den Sud geben und zugedeckt in 2,5 Std. weich schmoren.

Rouladen aus dem Sud nehmen, Küchengarn entfernen. Schmorfond durch ein Sieb in einen Topf geben und um die Hälfte einkochen lassen. Soße mit Stärke leicht binden und mit Salz und Pfeffer abschmecken. Rouladen kurz in der Soße erwärmen und servieren.

Filet Wellington

Rinderfilet im Blätterteigmantel

FÜR 6 PORTIONEN

50 g Butter
3 Schalotten, fein gehackt
250 g Shiitake-Pilze (alternativ braune Champignons), fein gehackt
100 ml trockener Weißwein
50 g Weißbrot, fein zerbröselt
Salz
Pfeffer
1 EL Dijonsenf
1 EL Sahnemeerrettich
1 Zweig Rosmarin, Nadeln sehr fein gehackt
2 EL Erdnussöl
800 g Rinderfilet (Mittelstück)
600 g Blätterteig (TK)
1 Ei, verquirlt
1 Kästchen Kresse
1 Bio-Zitrone, in Scheiben

Butter in einer Pfanne zerlassen und die Schalotten darin andünsten. Dann die Temperatur erhöhen, die Pilze zufügen und ca. 10 Min. braten, bis ein Großteil der Flüssigkeit verdampft ist. Wein angießen und 2 Min. einkochen lassen. Brotbrösel unterrühren und die Masse mit Salz und Pfeffer würzen. Vom Herd nehmen und vollständig abkühlen lassen.

1 EL Salz und 1 TL Pfeffer auf einem Teller vermischen. Senf, Meerrettich und Rosmarin zu einer Paste verrühren. Öl in einer zweiten Pfanne erhitzen und das Rinderfilet darin von allen Seiten scharf anbraten. Etwas abkühlen lassen.

Den Backofen auf 190 °C vorheizen. Die Blätterteigplatten aufeinanderlegen und zu einem Rechteck ausrollen, in das sich das Filet vollständig einschlagen lässt. Die Kanten begradigen und die abgeschnittenen Teile aufheben. Pilze auf dem Teig verteilen, dabei einen 3 cm breiten Rand lassen, diesen mit etwas verquirltem Ei bestreichen.

Das Fleisch rundherum mit der Meerrettichpaste bestreichen und anschließend durch die Pfeffer-Salz-Mischung rollen. Auf die Pilzmasse legen und behutsam, aber fest in den Teig wickeln. Die Teignaht gut andrücken und die

Rolle mit dieser Seite nach unten auf ein mit Backpapier ausgelegtes Backblech legen. Den Teig mit dem übrigen verquirlten Ei bestreichen, aus den Teigresten auf der Teigoberfläche ein Gitter formen und dieses ebenfalls mit Ei bepinseln. Zuletzt den Teig mehrfach mit einem Zahnstocher einstechen, damit der Dampf während des Backens entweichen kann. Das Filet in 35 Min. goldbraun backen. Aus dem Ofen nehmen und 5 Min. ruhen lassen, dann in 2 – 3 cm dicke Scheiben schneiden. Mit Kresse und Zitrone garniert servieren.

Saftiges Pfeffersteak

FÜR 4 PORTIONEN

- 2 EL schwarze Pfefferkörner, grob zerstoßen
- 4 Rumpsteaks à 200 g (ca. 3 cm dick)
- 2 EL Öl
- Salz
- 4 cl Cognac
- 150 ml Rinderfond
- 5 EL Sahne
- 40 g eiskalte Butter, in Würfeln
- Pfeffer

Den Backofen auf ca. 80 °C vorheizen. Den Pfeffer mit den Händen fest auf die Rumpsteaks drücken. Eine große Pfanne stark erhitzen und das Öl hineingeben. Die Steaks von jeder Seite ca. 3 Min. kräftig anbraten, beim Wenden leicht salzen. Aus der Pfanne heben, in Alufolie wickeln und im Backofen ruhen lassen.

Cognac in die Pfanne gießen und den Bratensatz damit lösen. Fond angießen und die Flüssigkeit etwas einkochen lassen. Sahne zugeben und die Soße unter gelegentlichem Rühren eindicken lassen. Butter portionsweise einrühren. Die Soße mit Salz und Pfeffer abschmecken und zu den Steaks servieren.

TIPP

Die Pfefferkörner erst kurz vorher zerstoßen – so entsteht ein besonders intensives Aroma. Man kann auch nach der Sahne 2 EL grüne Pfefferkörner in die Soße geben, die Steaks dann vor dem Braten mit frisch gemahlenem Pfeffer und nicht mit zerstoßenen Körnern würzen.

Rindfleischeintopf

mit Gemüse

FÜR 4 PORTIONEN

2 EL Öl
500 g Rindfleisch (Nacken oder Brust), in 2 cm großen Würfeln
400 g Möhren, gewürfelt
Salz
Pfeffer
1 TL gemahlener Kümmel
½ Sellerieknolle, gewürfelt
500 g Kartoffeln, gewürfelt
2 Stangen Lauch, in Ringen
500 g Wirsing, in Streifen
700 ml Rinderbrühe (s. S. 12)
25 g Butter
½ Bd. glatte Petersilie, fein gehackt

Öl in einem großen Topf erhitzen und das Fleisch darin anbraten. Die Hälfte aus dem Topf nehmen und beiseitestellen. Die Hälfte der Möhren auf das im Topf verbliebene Fleisch schichten und mit Salz, Pfeffer und etwas Kümmel würzen. Dann die Hälfte des übrigen Gemüses daraufschichten, jede Schicht jeweils würzen. Das beiseitegestellte Fleisch auf den Wirsing schichten und mit dem restlichen Gemüse ebenso verfahren.

Die Rinderbrühe angießen und die Butter auf dem Gemüse verteilen. Alles zum Kochen bringen und bei schwacher Hitze zugedeckt in 1,5 Std. garen. Den Eintopf zum Schluss gut umrühren, mit Salz und Pfeffer abschmecken und mit Petersilie bestreut servieren.

Rosa gebratenes
Roastbeef

FÜR 4 PORTIONEN

ca. 1,2 kg Roastbeef (ohne Knochen)
1 EL Meersalz
1 EL nicht zu fein gemahlener Pfeffer
1 EL mittelscharfer Senf
3 EL Öl
1 EL Butter

Den Backofen auf 135 °C vorheizen. Fleisch rundherum mit Meersalz und Pfeffer einreiben und mit Senf bestreichen. (Den Fettrand nicht entfernen!) Eine große Pfanne stark erhitzen und das Öl hineingeben. Das Roastbeef darin von allen Seiten ca. 5 Min. scharf anbraten.

Das Fleisch mit der Fettseite nach oben auf den Backofenrost legen, darunter eine Fettpfanne oder ein Blech platzieren. Das Roastbeef in 40 Min. garen, bis die Kerntemperatur ca. 58 °C beträgt. Zwischendurch ein Fleischthermometer seitlich in die dickste Stelle stechen und die Temperatur überprüfen. Aus dem Ofen nehmen und in aufschäumender Butter 2 Min. anbraten.

TIPP

Roastbeef schmeckt heiß und kalt köstlich.

Gegrilltes Rib-Eye-Steak
mit Knoblauch-Rosmarin-Butter

FÜR 4 PORTIONEN

Für die Steaks

4 Rib-Eye-Steaks à 250 g (mit Knochen, ca. 2,5 cm dick)
Olivenöl zum Bestreichen
2 Zweige Rosmarin, Nadeln fein gehackt
Salz
Pfeffer

Für die Knoblauch-Rosmarin-Butter

1 Knoblauchknolle
100 g weiche Butter
Abrieb von ½ Bio-Zitrone
1 Zweig Rosmarin, Nadeln fein gehackt
Salz
Pfeffer

Den Backofen auf 160 °C vorheizen. Für die Knoblauch-Rosmarin-Butter die Knoblauchknolle in einzelne Zehen teilen. Ungeschält in Alufolie einschlagen. Die Knoblauchzehen in ca. 40 Min. butterweich backen. Herausnehmen, abkühlen lassen, dann aus der Schale in einen Mörser drücken und zu einer Paste zerstoßen. Butter, Zitronenabrieb und Rosmarin zugeben und cremig rühren. Mit Salz und Pfeffer abschmecken. Die Butter abgedeckt kalt stellen.

Für die Steaks den Grill anheizen. Das Fettauge aus dem Fleisch drücken und die Steaks damit einreiben. Anschließend mit Olivenöl bestreichen, mit dem Rosmarin bestreuen und kräftig mit Salz und Pfeffer würzen. Dann sofort auf den Grill legen. Das Fleisch von beiden Seiten jeweils 4 – 5 Min. grillen. Die Steaks auf vorgewärmten Tellern anrichten, mit der Butter bestreichen und servieren.

Tagliata
Rindfleisch auf Rucola

FÜR 4 PORTIONEN

2 Rumpsteaks à 300 g
4 EL Olivenöl
½ TL Pfeffer
½ TL Chiliflocken
2 TL Oregano
1 TL Salz
2 EL Rotweinessig
2 Knoblauchzehen, halbiert
2 Zweige Rosmarin
2 TL Balsamicoessig
500 g Kirschtomaten
150 g Rucola
50 g Parmesan, gehobelt

Das Fleisch 1 Std. vor der Zubereitung aus dem Kühlschrank nehmen. In einer breiten Schale oder Auflaufform 3 EL Öl, Pfeffer, Chiliflocken, Oregano, Salz und Essig verquirlen.

Eine Grillpfanne stark erhitzen. Die Knoblauchzehen und den Rosmarin in die Pfanne geben. Das Fleisch mit dem restlichen Öl bestreichen und in der heißen Pfanne von jeder Seite 2–3 Min. anbraten, dabei nach jeder Min. wenden. Es sollte innen noch leicht blutig sein. Pfanne vom Herd nehmen.

Das Fleisch in die Essigmarinade legen, nach 2 Min. wenden, dann nach 2 weiteren Min. herausnehmen und auf ein Schneidebrett legen. Den Balsamicoessig zur Marinade geben und die Tomaten darin wenden. Den abgebrausten und verlesenen Rucola auf einer Platte verteilen.

Das Fleisch schräg in dünne Scheiben schneiden und auf den Rucola legen. Die Tomaten darauf anrichten und die restliche Marinade darüberträufeln. Mit Parmesan bestreut servieren.

Carpaccio
auf Bohnensalat

FÜR 4 PERSONEN

Für den Salat
250 g grüne Bohnen
Salz
½ rote Zwiebel, fein gehackt
½ Bd. glatte Petersilie, fein gehackt
1 TL Dijonsenf
1½ EL weißer Balsamicoessig
4 EL Olivenöl
Salz, Pfeffer

Für das Dressing
2 EL Crème fraîche
Saft von 1 Bio-Zitrone
1 Stück frischer Meerrettich (ca. 2 cm), fein gerieben
2 EL Olivenöl
Salz, Pfeffer

Für das Carpaccio
je 1 EL Koriander-, Fenchel- und Kreuzkümmelsamen
½ TL Pimentón de la Vera
½ TL Chilipulver
Salz, Pfeffer
450 g Rinderfilet am Stück
1 EL Öl

Für den Salat Bohnen in kochendem Salzwasser in ca. 10 Min. bissfest garen. Zwiebel mit Petersilie, Senf, Essig und Öl vermengen. Salzen und pfeffern. Bohnen abgießen, warm zugeben, untermischen und durchziehen lassen. Für das Dressing Crème fraîche mit Zitronensaft, Meerrettich und Öl verrühren. Salzen und pfeffern. Evtl. mit 1 EL Wasser verdünnen. Kalt stellen.

Für das Carpaccio Koriander-, Fenchel- und Kreuzkümmelsamen ohne Fett rösten. Mit Pimentón, Chili, Salz und etwas Pfeffer in einem Mörser zerstoßen. Gewürzmischung auf einem Brett verteilen und das Filet darauf hin- und herrollen, bis es komplett bedeckt ist. Filet in heißem Öl rundherum 1 Min. scharf anbraten. Aus der Pfanne heben und 2 Min. ruhen lassen. Mit einem scharfen Messer in 5 mm dicke Scheiben schneiden, zwischen zwei Lagen Frischhaltefolie legen und mit einem schweren Pfannenboden flach drücken.

Bohnensalat auf vier Teller verteilen und jeweils 2 – 3 Scheiben Carpaccio darauf anrichten. Meerrettichdressing separat reichen.

Gulaschsuppe
mit Paprika

FÜR 4 PORTIONEN

3 EL Sonnenblumenöl
200 g Zwiebeln, fein gehackt
1 kleine Möhre, fein gewürfelt
1 EL Mehl
Salz
Pfeffer
250 g Rindfleisch (Unterschale oder Schulter), in 2 cm großen Würfeln
Paprikapulver, edelsüß
1 Prise gemahlener Kümmel
je 1 rote und 1 gelbe Paprika, in 3 cm großen Würfeln
1 Knoblauchzehe, fein gehackt
1 EL Tomatenmark
ca. 1 l Rinderbrühe (s. S. 12)
½ TL gerebelter Majoran
Tabascosoße
150 g Kartoffeln, in 2 cm großen Würfeln
2 EL Schnittlauch, in Röllchen

Öl in einem großen Topf erhitzen. Zwiebeln und Möhre darin in ca. 4 Min. goldbraun anrösten. Mehl mit je 1 Prise Salz und Pfeffer würzen und die Fleischwürfel darin wenden, überschüssiges Mehl entfernen. Fleisch mit 1 TL Paprikapulver, Kümmel, Paprika, Knoblauch, Tomatenmark, Brühe, Majoran und 1 Spritzer Tabascosoße zu den Zwiebeln geben.

Alles gründlich vermischen, mit Salz und Pfeffer abschmecken, zum Kochen bringen und zugedeckt ca. 50 Min. garen. Kartoffeln zugeben und weitere 10 Min. köcheln, bis sie bissfest sind. Suppe nach Belieben mit Salz, Pfeffer, Paprikapulver und Tabascosoße abschmecken und mit Schnittlauch bestreut servieren.

Rindfleisch-Burrito

FÜR 6 PORTIONEN

1 kg Rindfleisch (z. B. Schulter oder Oberschale), in 3 cm großen Würfeln
2 Lorbeerblätter
Salz
1 rote Chilischote, entkernt und halbiert
2 Knoblauchzehen, geschält
1 Schalotte, gehackt
2 Tomaten, gehackt
1 Stück Ingwer (ca. 2 cm), gehackt
2 EL Paprikapulver, edelsüß
1 EL gerebelter Oregano
½ TL Zimtpulver
1 TL Weißweinessig
Pfeffer
200 g Langkornreis
1 EL Olivenöl
6 Tortillas
4 Stängel Koriander, Blättchen fein gehackt
½ Zwiebel, gehackt
1 EL Limettensaft
4 EL Crème fraîche

Für die Füllung

Avocado, Mais und Kidneybohnen nach Belieben

Fleisch mit Lorbeer und 1 TL Salz in einen Topf geben. 2 l Wasser angießen und zum Kochen bringen. Hitze reduzieren und das Fleisch in 2½ Std. garen. Durch ein Sieb abgießen und die Kochflüssigkeit auffangen. Beides beiseitestellen.

500 ml Wasser mit Chili, 1 Knoblauchzehe, Schalotte und Tomaten in einem Topf aufkochen. 5 Min. köcheln, dann etwas abkühlen lassen. Mischung mit der zweiten Knoblauchzehe, Ingwer, Gewürzen, Essig, 1 TL Salz und Pfeffer cremig mixen. Reis nach Packungsanweisung zubereiten. Währenddessen Öl in einer Pfanne erhitzen und die Soße darin 5 Min. erwärmen. Fleisch und 250 ml Kochflüssigkeit zugeben und aufkochen. Halb zugedeckt 12 Min. köcheln lassen.

Währenddessen den Backofen auf ca. 100 °C vorheizen und die Tortillas darin erwärmen. Reis und Zutaten zum Befüllen bereitstellen. Fleisch in eine Schüssel füllen und Koriander, Zwiebel und Limettensaft darübergeben. Tortillas mit Crème fraîche bestreichen, nach Wunsch belegen und zusammenfalten.

Bœuf bourguignon

Französischer Rindfleischschmortopf

FÜR 4 PORTIONEN

- 2 Zwiebeln
- 3 Knoblauchzehen
- 1 kg Rindfleisch (Schulter oder Nacken), in 3 cm großen Würfeln
- je ½ Bd. Thymian und Petersilie
- ½ TL schwarze Pfefferkörner, zerstoßen
- 1 Flasche Rotwein
- 150 g Speck
- 2 Möhren
- 50 g Butter
- 500 ml Rinderfond
- Salz
- Pfeffer
- 6 EL Olivenöl
- 2 EL Mehl
- 1 Lorbeerblatt
- 2 EL Cognac
- 250 g kleine braune Champignons
- 300 g Perlzwiebeln, geschält

1 Zwiebel und 2 Knoblauchzehen schälen und in Scheiben schneiden. Fleischwürfel, Zwiebel- und Knoblauchscheiben, 4 Stängel Thymian, 3 Stängel Petersilie, Pfefferkörner und Wein in eine große Schüssel geben, mit Folie abdecken und über Nacht im Kühlschrank marinieren.

Am nächsten Tag Speck in schmale Streifen schneiden und goldbraun braten. Auf Küchenpapier abtropfen lassen, Fett aufheben. Möhren putzen und würfeln, übrige Zwiebel und Knoblauch schälen und fein würfeln. Speckfett und 20 g Butter erhitzen und das Gemüse bei schwacher Hitze 10 Min. braten. Beiseitestellen. Rinderfond in einem Topf ohne Deckel um ein Viertel einkochen.

Backofen auf 160°C (Umluft) vorheizen. Fleisch aus der Marinade heben, trocken tupfen, salzen und pfeffern. Marinade durch ein Sieb gießen und die Flüssigkeit auffangen. In einem Bräter restliche Butter und 2 EL Öl erhitzen, Fleisch darin portionsweise ca. 5 Min. braten. Gemüse zufügen, alles erhitzen, mit Mehl bestäuben und unter ständigem Rühren hellbraun anbraten. Aufgefangene Flüssigkeit, eingekochten Fond, restliche Kräuter, Lorbeer und Cognac zufügen. Zugedeckt im Ofen 3 Std. garen.

In einer Pfanne 2 EL Öl erhitzen und die Champignons bei großer Hitze anbraten. Herausnehmen. Restliches Öl in der sauberen Pfanne erhitzen und die Perlzwiebeln darin goldgelb anbraten. Speck, Champignons und Zwiebeln in den Bräter geben und alles weitere 30 Min. schmoren. Vor dem Servieren die Kräuter entfernen und den Schmortopf mit Salz und Pfeffer abschmecken.

TIPP

Dazu schmecken Kartoffelklöße oder -püree.

Szechuan-Rindfleisch

FÜR 4 PORTIONEN

Für das Fleisch

600 g Hüftsteak, in feinen Streifen
100 ml Erdnussöl
2 getrocknete rote Chilischoten, entkernt und in Ringen
2 rote Zwiebeln, in dünnen Scheiben

Für die Marinade

2 EL helle Sojasoße
2 EL Mirin (Reiswein)
1 EL Austernsoße
1 EL dunkles Sesamöl
1½ TL Szechuanpfeffer, zerstoßen
30 g Ingwer, fein gehackt
3 Knoblauchzehen, fein gehackt
½ TL Zucker
1 EL Speisestärke

Für die Marinade die Sojasoße mit Mirin, Austernsoße, Sesamöl, Szechuanpfeffer, Ingwer, Knoblauch, Zucker, Speisestärke und 50 ml Wasser verrühren. Fleisch mit der Marinade bedecken und abgedeckt 2 Std. im Kühlschrank ziehen lassen.

Die Hälfte des Öls im Wok bei mittlerer Temperatur erhitzen und die Chilis darin 5 Min. anbraten. Umfüllen und beiseitestellen. Wok mit Küchenpapier auswischen. Das Fleisch abgießen und die Marinade auffangen. Die Zwiebeln im restlichen Öl anbraten und herausnehmen, danach das Fleisch kräftig anbraten. Zwiebeln zurück in den Wok geben. Die Temperatur stark erhöhen und die Marinade und die Hälfte des Chiliöls angießen. Unter Rühren alles ca. 1 Min. weiterbraten, die Marinade sollte dann stark eingekocht und das Fleisch fast trocken sein. Auf einer vorgewärmten Platte anrichten und mit dem restlichen Chiliöl beträufelt servieren.

TIPP

Das Gericht ist bekannt für seine Schärfe, daher sollte man dazu eine neutrale Beilage wie Reis oder Glasnudeln servieren.

Rindfleisch-Kürbis-Tajine
mit Mandeln

FÜR 4 PORTIONEN

1 EL Paprikapulver, edelsüß
1 EL gemahlener Ingwer
1 EL Zimtpulver
1 EL gemahlener Kreuzkümmel
1 EL Ras el Hanout
Salz
Pfeffer
600 g Rindergulasch (Keule)
2 EL Olivenöl
20 g blanchierte Mandeln
1 rote Zwiebel, in feinen Spalten
2 Knoblauchzehen, fein gehackt
250 g Kichererbsen (Dose), abgetropft
2 EL Tomatenmark
ca. 1 l Rinderbrühe (s. S. 12)
600 g Butternut-Kürbis, in 3 cm großen Würfeln
10 Backpflaumen, entsteint und grob gehackt
5 getrocknete Aprikosen, grob gehackt
4 Bio-Orangenzesten
2 EL Honig
1 Bd. Koriander, Blättchen abgezupft

Gewürze mit je 1 TL Salz und Pfeffer vermischen. Das Fleisch in einen Gefrierbeutel füllen und die Gewürze zugeben. Den Beutel verschließen, alles gründlich vermengen und mind. 2 Std., besser über Nacht, im Kühlschrank ziehen lassen.

Das Öl in einem Tajine oder Schmortopf erhitzen und die Mandeln darin anrösten. Das Fleisch zufügen und bei mittlerer Hitze anbraten. Zwiebel und Knoblauch zugeben und 5 Min. mitgaren. Kichererbsen, Tomatenmark und die Hälfte der Brühe unterrühren, alles zum Kochen bringen und zugedeckt bei schwacher Hitze 1½ Std. schmoren. Kürbis, Pflaumen, Aprikosen, Orangenzesten und die restliche Brühe unterrühren, mit Deckel in weiteren 45 – 60 Min. garen, bis das Fleisch zart ist. Tajine mit Honig, Salz und Pfeffer abschmecken und mit Koriander bestreut servieren.

TIPP

Dazu am besten Couscous servieren.

Britischer Sonntagsbraten

FÜR 6–8 PORTIONEN

- 1 Zwiebel, in Scheiben
- 4 Möhren, in dicken Scheiben
- 2 Zweige Rosmarin, Nadeln fein gehackt
- Salz
- Pfeffer
- 1 EL Olivenöl
- 1 Rinderbraten (Hochrippe, ca. 2,5 kg)
- 1 EL flüssige Butter
- 2 EL Honig
- 400 ml kräftiger Rinderfond
- 1 EL Johannisbeergelee
- 2 EL Speisestärke
- 100 ml Sherry

Den Backofen auf 220 °C vorheizen. Zwiebel und Möhren in der Mitte eines großen Bräters verteilen.

Rosmarin mit 1 TL Salz und 2 TL Pfeffer im Mörser zermahlen, Öl unterrühren. Das Fleisch rundherum mit der Würzmischung einreiben. Auf das Gemüse legen und ca. 1 Std. im heißen Ofen schmoren. Den Braten dann auf eine Platte setzen und mit Butter und Honig bepinseln. In Alufolie wickeln, mit einem Geschirrtuch bedecken und 30 Min. ruhen lassen.

Überschüssiges Fett aus dem Bräter gießen, Rinderfond zugeben und unter Rühren den Bratensatz vom Boden lösen. 5 Min. köcheln lassen, dann das Johannisbeergelee einrühren. Speisestärke im Sherry glatt rühren und zugießen. Die Soße unter Rühren aufkochen, bis sie etwas eingedickt ist. Mit Salz und Pfeffer abschmecken und durch ein Sieb seihen. Den Braten tranchieren und mit der Soße servieren.

TIPP

Dazu gibt's Yorkshire Pudding. Aus 250 g Mehl, 1 Prise Salz, 2 Eiern, 250 ml Milch und etwas Salz und Pfeffer einen glatten Teig rühren. 1 Std. quellen lassen. 8 Muffinförmchen einfetten und im auf 220 °C vorgeheizten Ofen stark erhitzen. Teig zu drei Vierteln hoch einfüllen und 20–25 Min. backen, bis die Puddinge knusprig und goldbraun sind.

Rotes Rindfleisch-Curry

FÜR 4 PORTIONEN

Für das Curry

500 g Rindfleisch (Keule), in 2 cm großen Würfeln
4 EL Erdnussöl
1 Zwiebel, in Scheiben
1 Knoblauchzehe, fein gehackt
1 Prise Zimtpulver
1 Prise gemahlene Nelken
Salz
Pfeffer
½ Bd. Koriander, grob gehackt

Für die Chilipaste

2 TL Salz
½ TL Pfeffer
2 TL gemahlener Koriander
½ TL gemahlener Kreuzkümmel
½ TL gemahlene Kurkuma
1 rote Chilischote, entkernt und fein gehackt
1 Stück Ingwer (ca. 2 cm), fein gehackt
1 Knoblauchzehe, fein gehackt
4 EL Erdnussöl
1 EL Kokosmilch

Salz mit allen Gewürzen, Chili, Ingwer, Knoblauch, Öl und Kokosmilch in einem Mörser zu einer Paste verarbeiten. Die Fleischwürfel mit der Paste in einen verschließbaren Gefrierbeutel füllen und gründlich mischen. Einige Stunden, besser über Nacht, im Kühlschrank ziehen lassen.

Am nächsten Tag Erdnussöl in einem großen Topf erhitzen, Zwiebel und Knoblauch unter Rühren andünsten. Das marinierte Fleisch zugeben und ca. 5 Min. braten. 250 ml Wasser angießen und das Curry unter gelegentlichem Rühren zugedeckt bei schwacher Hitze ca. 45 Min. köcheln lassen. Evtl. etwas Wasser zufügen. Mit Zimt, Nelken, Salz und Pfeffer abschmecken und mit Koriander bestreut servieren.

TIPP

Dazu passt Basmatireis besonders gut.

Ossobuco vom Rind
mit Gremolata

FÜR 4 PORTIONEN

Für das Ossobuco
2 EL Mehl
Salz
Pfeffer
4 Scheiben Beinfleisch à 200 g (mit Knochen, ca. 3 cm dick)
2 EL Erdnussöl
1 EL Butter
1 Zwiebel, gewürfelt
2 Möhren, gewürfelt
3 Knoblauchzehen, angedrückt
1 EL Tomatenmark
2 Zweige Rosmarin
2 Lorbeerblätter
250 ml trockener Rotwein
250 ml Rinderfond
4 Bio-Orangenzesten
200 g Kirschtomaten, halbiert

Für die Gremolata
1 Bd. glatte Petersilie, fein gehackt
2 EL Olivenöl
1½ TL Salz
Abrieb von 1 Bio-Zitrone
2 Knoblauchzehen, fein gehackt
Pfeffer

Mehl auf einem Teller mit je 1 Prise Salz und Pfeffer mischen und das Fleisch darin wenden. Öl mit Butter in einem Schmortopf erhitzen. Das Fleisch darin bei starker Hitze von jeder Seite 2 Min. anbraten, herausnehmen. Zwiebel, Möhren und Knoblauch im Fleischfett anbraten. Tomatenmark, Rosmarin und Lorbeer zugeben und kurz mitbraten. Mit Wein ablöschen und kurz einkochen lassen. Rinderfond angießen und Orangenzesten zugeben. Alles gründlich verrühren und das Fleisch wieder zugeben. Abgedeckt bei schwacher Hitze 2 Std. schmoren lassen. Tomaten zugeben und das Ossobuco weitere 30 Min. garen. Gegen Ende der Garzeit den Deckel öffnen und die Soße etwas einkochen lassen. Rosmarin, Lorbeer und Orangenzesten entfernen und alles mit Salz und Pfeffer abschmecken.

Für die Gremolata alle Zutaten verrühren und mit Pfeffer abschmecken. Ossobuco mit der Gremolata servieren.

Orientalische Spieße

mit Joghurtsoße

FÜR 4 PORTIONEN

Für die Soße

150 g griechischer Joghurt
100 ml Buttermilch
1 EL Olivenöl
1 Knoblauchzehe, gerieben
1 Prise Salz
Kerne von ½ Granatapfel nach Belieben

Für die Spieße

800 g Hüftsteak, in 2 cm großen Würfeln
2 EL Olivenöl
2 Knoblauchzehen, gehackt
1 Stück Ingwer (ca. 4 cm), gehackt
1 TL Baharat-Gewürzmischung
1 TL gemahlener Kreuzkümmel
¼ TL gemahlene Kurkuma
4 EL Granatapfelsirup
6 Aprikosen
6 Datteln
4 Stängel Minze, Blättchen abgezupft

Außerdem

4 Holzspieße, in kaltem Wasser eingeweicht

Für die Soße alle Zutaten bis auf die Granatapfelkerne mischen. Kalt stellen.

Fleisch in eine Schüssel legen. Öl in einer kleinen Pfanne erhitzen. Knoblauch und Ingwer unter Rühren andünsten. Gewürze zugeben, kurz erhitzen, dann den Granatapfelsirup unterrühren. Ca. 1 Min. mitgaren. Mischung zum Fleisch gießen, abgedeckt 1 Std. marinieren.

Aprikosen 30 Min. in warmem Wasser einweichen. Falls die Datteln sehr trocken sind, einige Min. zu den Aprikosen geben. Beides gut abtropfen lassen. Fleisch aus der Marinade heben und im Wechsel mit dem Obst auf die Spieße stecken. Spieße in einer heißen Grillpfanne ca. 6 Min. von allen Seiten grillen.

Joghurtsoße in eine flache Schale füllen und die Granatapfelkerne nach Belieben daraufstreuen. Spieße mit Minze und Soße servieren.

Rezeptübersicht

Lieblingsgerichte aus der Heimat

Berühmtheiten aus aller Welt